Marlene Fritsch (Hg.)

Das kleine Buch vom großen Glück

Kaufmann Verlag

Glück – Was ist das?

Über kaum etwas anderes im menschlichen Leben ist so viel nachgedacht und geschrieben worden wie über das Glück. Schon die ersten Philosophen haben sich damit beschäftigt, und daran hat sich – bei den kleinen und großen Denkern – bis heute nichts geändert. Über Jahrhunderte hinweg war glücklich zu werden – zumindest in der Philosophie – sogar die Antwort auf die Frage, warum der Mensch denn wohl auf der Welt sei.

Aber was ist das denn nun eigentlich, das Glück? Wahrscheinlich gibt es auf diese Frage so viele Antworten wie Menschen auf der Welt – jeder versteht etwas anderes darunter. Für den einen ist es der Lottogewinn, für den anderen das Eis an einem heißen Sommertag. Wahrscheinlich muss die Frage daher auch eher heißen: Wo kann ich denn das Glück finden?

Auch darauf gibt es sicher sehr unterschiedliche Antworten, denn einer mag es im Kochtopf entdecken, ein anderer im Kloster. Es gibt jedoch ein paar Orte, an denen das Glück sich gerne versteckt und wo es sich, wenn man etwas genauer hinschaut, auch entdecken lässt. In dem Augenblick zum Beispiel – wenn an einem regnerischen Tag die Wolken aufreißen und einem ein

Sonnenstrahl mitten ins Gesicht scheint. Oder in den kleinen, ganz alltäglichen Dingen wie einer Tasse Tee mit Honig oder einem heißen Bad. Aber auch in den Armen und den Augen der Menschen ist es anzutreffen. Und an sehr vielen anderen Orten, vorausgesetzt, man möchte es finden, denn darauf legt das Glück wert: Es will gesucht werden.
Wo Sie sonst noch nachschauen können, davon erzählen die Gedichte, Gedanken und Geschichten in diesem Buch. Und vielleicht finden Sie ja auch beim Lesen ein paar Glücksverstecke, die Sie noch gar nicht kannten!

Marlene Fritsch

Warum der Schäfer jedes Wetter liebt

Ein Wanderer: „Wie wird das Wetter heute?“
Der Schäfer: „So, wie ich es gerne habe.“
„Woher wisst Ihr, dass das Wetter so sein wird, wie Ihr es liebt?“
„Ich habe die Erfahrung gemacht, mein Freund, dass ich nicht immer das bekommen kann, was ich gerne möchte. Also habe ich gelernt, immer das zu mögen, was ich bekomme. Deshalb bin ich ganz sicher: Das Wetter wird heute so sein, wie ich es mag.“
Was immer geschieht, an uns liegt es, Glück oder Unglück darin zu sehen.

Anthony de Mello

Der Hippie mit einem Schuh

Ein Mann stieg in einen Bus und kam neben einem jungen Mann zu sitzen, der offensichtlich ein Hippie war. Er hatte nur einen Schuh an. „Du hast wohl einen Schuh verloren, mein Junge.“
„Nein, guter Mann“, lautete die Antwort, „ich habe einen gefunden.“

Anthony de Mello

Unvergänglich

Wunderliches Wort: die Zeit vertreiben!
Sie zu halten, wäre das Problem.
Denn, wen ängstigts nicht: wo ist ein Bleiben,
wo ein endlich Sein in alledem? –

Sieh, der Tag verlangsamt sich, entgegen
jenem Raum, der ihn nach Abend nimmt:
Aufstehn wurde Stehn, und Stehn wird Legen,
und das willig Liegende verschwimmt –

Berge ruhn, von Sternen überprächtigt; –
aber auch in ihnen flimmert Zeit.
Ach, in meinem wilden Herzen nächtigt
obdachlos die Unvergänglichkeit.

Rainer Maria Rilke

Der Tag

Achte gut auf diesen Tag,
denn er ist das Leben –
das Leben allen Lebens.

In seinem kurzen Ablauf
liegt alle Wirklichkeit
und Wahrheit des Daseins,
die Wonne des Wachsens,
die Größe der Tat,
die Herrlichkeit der Kraft.

Denn das Gestern
ist nichts als ein Traum
und das Morgen erst eine Vision.

Das heute jedoch –
recht gelebt –
macht jedes Gestern
zu einem Traum voller Glück
und jedes Morgen
zu einer Vision voller Hoffnung.

Darum achte gut auf diesen Tag.

Dschela ed-Din Rumi

Das Leben – ein Glück

Es sei verkehrt, sich vor etwas zu graulen, was doch kommen musste. Man sollte das Jetzt genießen, einen sonnigen Morgen wie diesen, dann sei das Leben nur Glück, fand Melcher. Im Schlafanzug schnurstracks in den Garten hinauszugehen, Gras unter den Füßen zu spüren, am Steg schnell einmal unterzutauchen und sich hinterher an seinen eigenhändig gestrichenen Gartentisch zu setzen, sein Buch oder seine Zeitung zu lesen und seinen Kaffee zu trinken, während die Kinder um einen herumsummen, mehr begehrte er nicht vom Leben.

Astrid Lindgren

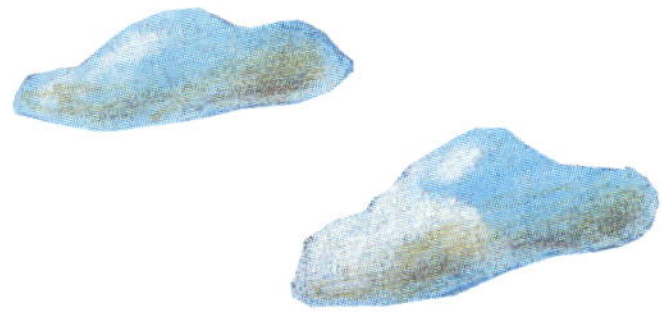

Einzigartig

Glück
besteht darin,
zu leben
wie alle Welt
und doch
wie kein anderer
zu sein.

Simone de Beauvoir

Glücklich sein

Ein Mann wurde einmal gefragt, warum er trotz seiner vielen Beschäftigungen immer so glücklich sein könne. Er sagte:

„Wenn ich stehe, dann stehe ich,
wenn ich gehe, dann gehe ich,
wenn ich sitze, dann sitze ich,
wenn ich esse, dann esse ich,
wenn ich liebe, dann liebe ich ..."

Dann fielen ihm die Fragesteller ins Wort und sagten: „Das tun wir auch, aber was machst du darüber hinaus?"
Er sagte wiederum:

„Wenn ich stehe, dann stehe ich,
wenn ich gehe, dann gehe ich,
wenn ich ..."

Wieder sagten die Leute: „Aber das tun wir doch auch!" Er aber sagte zu ihnen:

„Nein –
wenn ihr sitzt, dann steht ihr schon,
wenn ihr steht, dann lauft ihr schon,
wenn ihr lauft, dann seid ihr schon am Ziel."

Traditionelle Erzählung

Zu zweit

Wir saßen beide in Gedanken
im Weinblattdämmer – du und ich –
und über uns in duftgen Ranken
versummte wo ein Hummel sich.

Reflexe hielten, bunte Kreise,
in deinem Haare flüchtig Rast ...
Ich sagte nichts als einmal leise:
„Was du für schöne Augen hast."

Rainer Maria Rilke

Die Apfelsine

Prévot hatte unter den Trümmern noch eine Apfelsine entdeckt, und dieses unverhoffte Wunder teilten wir uns jetzt. Ich war völlig aus der Fassung, so wenig es für Leute war, die zwanzig Liter Wasser brauchten. Ich ruhte neben dem Lagerfeuer und sah mir die leuchtende Frucht an. Die Menschen wissen nicht, was eine Apfelsine ist! Weiter und weiter flogen die Gedanken: Wir sitzen hier, zum Tode verurteilt, und doch verdirbt mir diese Gewissheit nicht den Genuss. Diese halbe Apfelsine in meiner Hand ist eine der größten Freuden meines Lebens. Ich lege mich auf den Rücken, ich lutsche meine Frucht aus und zähle die Meteore. Für diese Minute bin ich restlos glücklich. Man kann die Welt nur nach dem verstehen, was man erlebt. Jetzt erst begreife ich die Zigarette und den Kognak des zum Tode Verurteilten. Vorher wollte es mir nicht in den Kopf, dass er diese Lappalien annimmt und sichtlich mit Genuss verzehrt. Man sieht gewöhnlich ein Zeichen von Mut darin, dass er lächelt. Dabei hat er nur gelernt, die Welt anders anzusehen, und macht sich aus seiner letzten Stunde noch ein Stückchen Menschenleben.

Antoine de Saint-Exupéry

Das Köstlichste

Die besten Dinge im Leben sind die nahesten:

der Atem
zwischen deinen Nasenflügeln,
das Licht
in deinen Augen,
die Blumen
zu deinen Füßen,
die Pflichten
in deinen Händen,
der richtige Weg
direkt vor dir.

Hasche folglich nicht nach den Sternen; vollbringe vielmehr die schlichte, einfache Aufgabe des Lebens, wie sie sich dir stellt. Handle mit der Gewissheit, dass die täglichen Pflichten und das tägliche Brot das Köstlichste sind, was das Leben zu bieten hat.

Robert Louis Stevenson

Lebensregeln von Papst Johannes XXIII
Die Zehn Gebote der Gelassenheit

1. Nur für heute werde ich mich bemühen, den Tag zu erleben, ohne das Problem meines Lebens auf einmal lösen zu wollen.

2. Nur für heute werde ich große Sorgfalt in mein Auftreten legen: vornehm in meinem Verhalten; ich werde niemand kritisieren, ja ich werde nicht danach streben, die anderen zu korrigieren oder zu verbessern – nur mich selbst.

3. Nur für heute werde ich in der Gewissheit glücklich sein, dass ich für das Glück geschaffen bin – nicht für die anderen, sondern auch für diese Welt.

4. Nur für heute werde ich mich an die Umstände anpassen, ohne zu verlangen, dass die Umstände sich an meine Wünsche anpassen.

5. Nur für heute werde ich zehn Minuten meiner Zeit einer guten Lektüre widmen; wie die Nahrung für das Leben des Leibes notwendig ist, ist eine gute Lektüre notwendig für das Leben der Seele.

6. Nur für heute werde ich eine gute Tat verbringen, und ich werde es niemandem erzählen.

7. Nur für heute werde ich etwas tun, für das ich keine Lust habe zu tun: sollte ich mich in meinen Gedanken beleidigt fühlen, werde ich dafür sorgen, dass es niemand merkt.

8. Nur für heute werde ich fest glauben – selbst wenn die Umstände das Gegenteil zeigen sollten –, dass die gütige Vorsehung Gottes sich um mich kümmert, als gäbe es sonst niemanden auf der Welt.

9. Nur für heute werde ich keine Angst haben. Ganz besonders werde ich keine Angst haben, mich an allem zu freuen, was schön ist – und ich werde an die Güte glauben.

10. Nur für heute werde ich ein genaues Programm aufstellen. Vielleicht halte ich mich nicht genau daran, aber ich werde es aufsetzen – und ich werde mich vor zwei Übeln hüten: der Hetze und der Unentschlossenheit.

Glück

Glück ist gar nicht mal so selten,
Glück wird überall beschert,
vieles kann als Glück uns gelten,
was das Leben uns so lehrt.

Glück ist jeder neue Morgen,
Glück ist bunte Blumenpracht,
Glück sind Tage ohne Sorgen,
Glück ist, wenn man fröhlich lacht.

Glück ist Regen, wenn es heiß ist,
Glück ist Sonne nach dem Guss,
Glück ist, wenn ein Kind ein Eis isst,
Glück ist auch ein lieber Gruß.

Glück ist Wärme, wenn es kalt ist,
Glück ist weißer Meeresstrand,
Glück ist Ruhe, die im Wald ist,
Glück ist eines Freundes Hand.

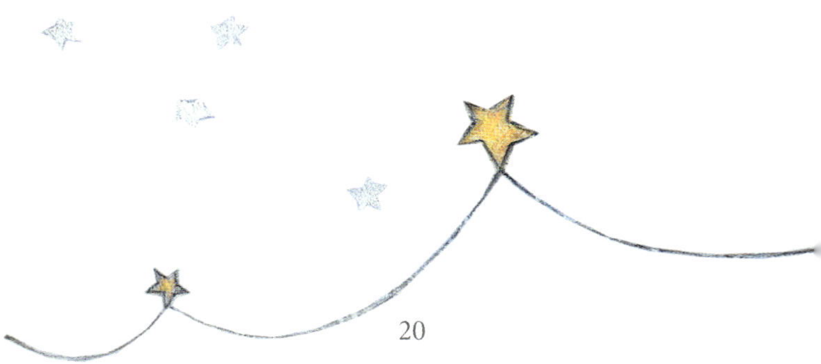

Glück ist eine stille Stunde,
Glück ist auch ein gutes Buch,
Glück ist Spaß in froher Runde,
Glück ist freundlicher Besuch.

Glück ist niemals ortsgebunden,
Glück kennt keine Jahreszeit,
Glück hat immer der gefunden,
der sich seines Lebens freut.

Clemens Brentano

Sich Zeit nehmen

Nimm dir Zeit zu arbeiten –
das ist der Preis des Erfolges.
Nimm dir Zeit zu denken –
das ist die Quelle der Macht.
Nimm dir Zeit zu spielen –
das ist das Geheimnis der ewigen Jugend.
Nimm dir Zeit zu lesen –
das ist die Grundlage der Weisheit.
Nimm dir Zeit, freundlich zu sein –
das ist der Weg zum Glück.
Nimm dir Zeit zu träumen –
sie bewegt dein Gefährt zu einem Stern.
Nimm dir Zeit zu lieben und geliebt zu werden –
das ist das Vorrecht der Götter.
Nimm dir Zeit, dich umzusehen –
der Tag ist zu kurz, um selbstsüchtig zu sein.
Nimm dir Zeit zu lachen –
das ist die Musik der Seele.

Irischer Segenswunsch

Ergreife das Glück

Wer das Glück
nicht nutzen kann,
wenn es kommt,
sollte nicht klagen,
wenn es wieder geht!

Miguel de Cervantes

Liebesaugenblick

Hier im Wald mit dir zu liegen,
moosgebettet, windumatmet,
in das Flüstern, in das Rauschen
leise liebe Worte mischend,
öfter aber noch dem Schweigen
lange Küsse zugesellend,
unerschöpflich – unersättlich,
hingegebne, hingenommne,
ineinander aufgelöste,
zeitvergessne, weltvergessne.

Hier im Wald mit dir zu liegen,
moosgebettet, windumatmet.

Christian Morgenstern

Warten aufs Glück

Ein großes Hindernis des Glücks
ist das Warten
auf das ganz große Glück.

Bernard de Fontanelle

Tor zum Glück

Ein Tor zum Glück
oder Unglück
gibt es nicht.
Beide kommen,
wenn du sie einlässt.

Chinesisches Sprichwort

Wo das Glück liegt

Es liegt das Glück nicht in den Dingen,
sondern in der Art und Weise,
wie sie zu unsern Augen,
zu unserm Herzen stimmen.

Jeremias Gotthelf

Ein Sonnentag

Jeder Frühlings-Sonnentag
schließt nur für ein paar Menschen,
die imstande sind, ihn zu genießen,
unter Millionen, die nicht dazu imstande sind,
das Glück der Erde und also den Himmel auf.

Wilhelm Raabe

Morgenwonne

Ich bin so knallvergnügt erwacht.
Ich klatsche meine Hüften.
Das Wasser lockt. Die Seife lacht.
Es dürstet mich nach Lüften.

Ein schmuckes Laken macht einen Knicks
Und gratuliert mir zum Baden.
Zwei schwarze Schuhe in blankem Wichs
Betiteln mich „Euer Gnaden".

Aus meiner tiefsten Seele zieht
Mit Nasenflügelbeben
Ein ungeheurer Appetit
Nach Frühstück und nach Leben.

Joachim Ringelnatz

Überall ist Wunderland

Überall ist Wunderland,
überall ist Leben
Bei meiner Tante im Strumpfenband
Wie irgendwo daneben.
Überall ist Dunkelheit,
Kinder werden Väter.
Fünf Minuten später
Stirbt sich was für einige Zeit.
Überall ist Ewigkeit.

Wenn du einen Schneck behauchst
Schrumpft er ins Gehäuse.
Wenn du ihn in Kognak tauchst
Sieht er weiße Mäuse.

Joachim Ringelnatz

Verlernen lernen

Das Leben hat seine Stürme, und Stürme gehen immer vorüber. So wie es nie einen Tag gegeben hat, der nicht der Nacht weichen musste, oder einen Sturm, der ewig währte, bewegen wir uns mit diesem Pendelschlag des Lebens hin und her. Wir erleben das Gute und das Schlimme, den Tag und die Nacht, Yin und Yang. Wir lehren oft das, was wir selbst erst lernen müssen. Wir leben in diesen Paradoxen, werden oft hierhin gestoßen und dorthin gezogen. Es stimmt zwar, dass unser Glück nicht von äußeren Umständen abhängt, aber wir müssen zwischen dieser Wahrheit und der Realität dieser Welt einen Ausgleich schaffen. Wir sind betroffen von dem, was um uns geschieht. Es wäre unrealistisch, einem Menschen, der etwas Tragisches durch-

macht, zu sagen: „Das soll dich nicht berühren."
Es wird sich auf ihn auswirken. Gleichzeitig finden wir oft das Beste in uns, wenn wir am schlimmsten dran sind. Denn es ist so, dass wir über Tragödien hinwegkommen, dass wir weiter gehen und das Glück finden. Es ist so, dass die Sonne durch die Dunkelheit bricht. Und mitten im Tod mal das Leben.

Wir müssen etwas lernen, wenn wir das Glück finden wollen — und auch etwas verlernen. Wir müssen uns dazu erziehen, auf eine völlig andere Weise zu denken, als die Welt uns gelehrt hat. Wir müssen die negativen Denkgewohnheiten verlernen. Wir müssen dieses Verlernen üben.

Elisabeth Kübler-Ross

Schicksals-Spruch – sich nicht so wichtig nehmen

Unhemmbar
rinnt und reißt
der Strom der Zeit,
in dem wir
gleich verstreuten Blumen
schwimmen,

unhemmbar
braust und fegt
der Sturm der Zeit,
wir riefen kaum,
verweht
sind unsre Stimmen.

Ein kurzer Augenaufschlag
ist der Mensch,
den ewige Kraft
auf ihre Werke tut;

ein Blinzeln –
der Geschlechter lange Reihn,
ein Blick –
des Erdballs Werdnis und Verglut.

Christian Morgenstern

Der Augenblick

Wer sich nicht
auf der Schwelle des Augenblicks,
alle Vergangenheit vergessend,
niederlassen kann,
der wird nie wissen,
was Glück ist.

Friedrich Nietzsche

Die Perle

Es blitzt ein Tropfen Morgentau
Im Strahl des Sonnenlichts –
Ein Tag kann eine Perle sein
Und ein Jahrhundert nichts.

Gottfried Keller

Glück

Sonntagsruhe, Dorfesstille,
Kind und Knecht und Magd sind aus,
Unterm Herde nur die Grille
Musizieret durch das Haus.

Tür und Fenster blieben offen,
Denn es schweigen Luft und Wind,
In uns schweigen Wunsch und Hoffen,
Weil wir ganz im Glücke sind.

Felder rings – ein Gottessegen
Hügel auf- und niederwärts,
Und auf stillen Gnadenwegen
Stieg auch uns er in das Herz.

Theodor Fontane

Segen

Gesegnet die Mühe deiner Arbeit,
dass sie Frucht bringt und dich erfüllt.
Gesegnet der Sabbat in deinem Herzen,
dass er deine Hoffnung auf Frieden stillt.
Gesegnet deine Wünsche und deine Sehnsucht
und alles,
was in dir lebendig ist.
Gesegnet die Tage und die Jahre,
in denen deine Träume zu leben du nicht vergisst.
Gesegnet die Zeiten deiner Trauer,
dass du ihnen nicht entfliehst.
Gesegnet, wenn du sie durchgestanden
und wieder neue Wege vor dir siehst.
Gesegnet jeder Augenblick,
der dich zur Freude und
zum Glücklichsein verführt.
Gesegnet jeder Mensch,
der mit Zärtlichkeit
und Liebe dein Herz berührt.

Irischer Segenswunsch

Nachtschwärmen

Die alte Pappel schauert sich neigend,
Als habe das Leben sie müde gemacht.
Ich und mein Lieb – hier ruhen wir schweigend –
Und vor uns wallt die drückende Nacht.

Bis sich zwei schöne Gedanken begegnen, –
Dann löst sich der bleierne Wolkenhang.
Goldene, sprühende Funken regnen
Und füllen die Welt mit lustigem Klang.

Ein trüber Nebel ist uns zerronnen.
Ich lege meine in deine Hand.
Mir ist, als hätt ich dich neu gewonnen. –
Und vor uns schimmert ein goldenes Land.

Joachim Ringelnatz

Es war ein solcher Vormittag …

Es war ein solcher Vormittag,
wo man die Fische singen hörte,
kein Lüftchen lief, kein Stimmchen störte,
kein Wellchen wölbte sich zum Schlag.

Nur sie, die Fische, brachen leis
der weit und breiten Stille Siegel
und sangen millionenweis
dicht unter dem durchsonnten Spiegel.

Christian Morgenstern

Mein Wunsch für dich

Nicht, dass keine Wolke deinen Weg überschatte,
nicht, dass dein Leben künftig ein Beet
voller Rosen sei;
nicht, dass du niemals bereuen müsstest;
nicht, dass du niemals Schmerzen empfinden solltest –
nein, das wünsche ich dir nicht.

Mein Wunsch für dich lautet:

Dass du tapfer bist in Stunden der Prüfung,
wenn andere Kreuze auf deine Schultern legen;
wenn Berge zu erklimmen und Klüfte
zu überwinden sind,
wenn die Hoffnung kaum mehr schimmert.

Dass jede Gabe, die Gott dir schenkt, mit dir wachse,
und dir dazu diene, denen Freude zu schenken,
die dich mögen.

Dass du immer einen Freund hast, der es wert ist,
so zu heißen,
dem du vertrauen kannst, der dir hilft,
wenn du traurig bist,
der mit dir gemeinsam den Stürmen des Alltags trotzt.

Und noch etwas wünsche ich dir:

Dass du in jeder Stunde der Freude
und des Schmerzes die Nähe Gottes spürst –
das ist mein Wunsch für dich, und für alle,
die dich mögen.

Das ist mein Wunsch für dich – heute und alle Tage.

Irischer Segenswunsch

Für das Leben

Von dir kann ich lernen,
wie man das Leben liebt.
Du quietscht vor Vergnügen
über ein Glas Wasser.
Du nimmst den Sand mit ins Bett
weil du ihn liebst.
Beim Abendspaziergang
entzückt dich der Mond,
verblasst das Licht
der Neonreklamen.
Nachts träumst du
von großen und kleinen Katzen,
und täglich heulst du
wie ein Orkan,
zweifelnd mit zitternder Unterlippe,
dass irgendetwas
nicht möglich sein könnte.

Kleine Tochter,
wie recht du hast!
Das Unmögliche
müssen wir möglich machen!

Anonymer Verfasser

Geh dir aus der Sonne

Der meiste Schatten
in unserem Leben
rührt daher,
dass wir uns selbst
in der Sonne stehen

Ralf Waldo Emerson

Von der Freude und vom Leid

Dann sagte eine Frau: Sprich uns von der Freude und vom Leid.

Und er antwortete:

Eure Freude ist euer Leid ohne Maske. Und derselbe Brunnen, aus dem euer Lachen aufsteigt, war oft von euren Tränen erfüllt. Und wie könnte es anders sein? Je tiefer sich das Leid in euer Sein eingräbt, desto mehr Freude könnt ihr fassen.

Ist nicht der Becher, der euren Wein enthält, dasselbe Gefäß, das im Ofen des Töpfers brannte? Und ist nicht die Laute, die euren Geist besänftigt, dasselbe Holz, das mit Messern ausgehöhlt wurde? Wenn ihr fröhlich seid, schaut tief in eure Herzen, und ihr werdet finden, dass nur das, was euch Leid bereitet hat, euch auch Freude gibt.

Wenn ihr traurig seid, schaut wieder in eure Herzen, und ihr werdet sehen, dass die Wahrheit um das weint, was euch Vergnügen bereitet hat. Einige von euch sagen: „Freude ist größer als Leid“, und andere sagen: „Nein, Leid ist größer.“
Aber ich sage euch, sie sind untrennbar.
Sie kommen zusammen, und wenn einer allein mit euch am Tisch sitzt, denkt daran, dass der andere auf eurem Bett schläft.
Wahrhaftig, wie die Schalen einer Waage hängt ihr zwischen eurem Leid und eurer Freude.
Nur wenn ihr leer seid, steht ihr still und im Gleichgewicht.
Wenn der Schatzhalter euch hochhebt, um sein Gold und sein Silber zu wiegen, muss entweder eure Freude oder euer Leid steigen oder fallen.

Khalil Gibran

Glück

Wie jauchzt meine Seele
singet in sich!
Kaum, dass ich's verhehle,
So glücklich bin ich.

Rings Menschen sich drehen
Und sprechen gescheut,
Ich kann nichts verstehen,
So fröhlich zerstreut. –

Zu eng wird das Zimmer,
Wie glänzet das Feld,
Die Täler voll Schimmer,
Weit herrlich die Welt!

Gepresst bricht die Freude
Durch Riegel und Schloss,
Fort über die Heide!
Ach, hätt ich ein Ross! –

Und frag ich und sinn ich,
Wie so mir geschehn?: –
Mein Liebchen herzinnig,
Das soll ich heut sehn!

Joseph Freiherr von Eichendorff

Quellenhinweise

Gibran, Khalil Von der Freude und vom Leid, aus: Khalil Gibran, Der Prophet. Aus dem Englischen übersetzt von Karin Graf, © Patmos Verlag der Schwabenverlag AG, Ostfildern, 2011, S. 32–33, www.verlagsgruppe-patmos.de
Kübler-Ross Elisabeth, „Das Leben hat seine Stürme …" (hier: „Verlernen lernen"), aus: Kübler-Ross / Kessler, Geborgen im Leben. Wege zu einem erfüllten Dasein, © Verlag Herder GmbH, Freiburg i. Br. 2012
Lindgren, Astrid „Es sei verkehrt …" (hier: „Das Leben – ein Glück"), aus: Astrid Lindgren, Ferien auf Saltkrokan, © Verlag Friedrich Oetinger, Hamburg 2012
Mello, Anthony de „Warum der Schäfer jedes Wetter liebt" und „Der Hippie mit einem Schuh", aus: Anthony de Mello, Warum der Schäfer jedes Wetter liebt. Weisheitsgeschichten, aus dem Englischen übers. von Ursula Schotteluis, © Verlag Herder GmbH, Freiburg i. Br. 6. Aufl. 2011
Saint-Exupéry, Antoine „Prévot hatte unter …" (hier: „Die Apfelsine"), aus: Antoine de Saint-Exupéry, Wind, Sand und Sterne, © 1939 und 2010 Karl Rauch Verlag, Düsseldorf

Leider war es nicht möglich, alle Rechteinhaber ausfindig zu machen. Für Hinweise sind der Verlag und die Herausgeber dankbar.

Bibliografische Information der Deutschen Bibliothek

Die Deutsche Bibliothek verzeichnet diese Publikation
in der Deutschen Nationalbibliografie; detaillierte bibliografische Daten
sind im Internet über http://dnb.ddb.de abrufbar.

1. Auflage 2013

Illustrationen von Stefan Heß
Printed by Leo Paper

ISBN 978-3-7806-3134-3